D1717997

DIE ZEIT BARCELONA

Dieses Reisetagebuch gehört:

....

....

....

....

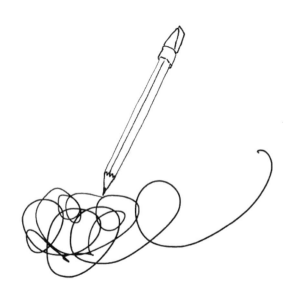

Sagrada Família

Bar – cel – ona. Für Katalanen stecken in dem Namen drei Wörter, mit denen man die Stadt ganz gut zu fassen bekommt: Die Bar, der Himmel (Cel) und das Meer (ona). Demnach wäre Barcelona eine himmlische Stadt am Meer, die man am besten von einer Bar aus kennenlernt. Eduardo Mendoza würde das sofort unterschreiben. Der Schriftsteller liebt es, draußen vor seinem Stammlokal an der Plaça de la Virreina zu sitzen und die Stadt auf sich wirken zu lassen, ihre Gerüche und Geräusche, ihr einzigartiges Licht.

Doch Barcelona will auch an seinen Rändern entdeckt werden. In Poblenou etwa, im Schatten von Jean Nouvels Torre Agbar, hat die Stadt ihre jüngste Wette auf die Zukunft geschlossen. Hier liegt, wie Merten Worthmann in diesem ZEIT-Reisetagebuch schreibt, etwas in der Luft, das mit Gentrifizierung im herkömmlichen Sinne nichts zu tun hat. Am Tag kann man hier Kunst anschauen, Design bewundern und in Lokalen essen, die zwar kein Ladenschild, wohl aber einen Twitter-Account haben. Nach Sonnenuntergang gehört das Viertel wieder denen, die schon immer hier waren. Am frühen Abend strömen sie Hand in Hand oder auf einen Stock gestützt auf ihre Rambla.

Für den Reisenden ist das die beste Zeit, um endlich das zu machen, was der Musiker Juanlu Leprevost allen Barcelona-Reisenden empfiehlt: Klamotten vom Leib reißen und ab ins Meer! Danach schmeckt das Bier noch besser in Bar – cel – ona.

STEFANIE FLAMM, *DIE ZEIT*

»Mein Kunde hat
keine Eile«

– Antoni Gaudi

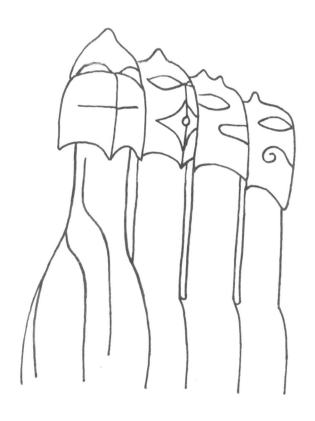

7

Meine Notizen

Torre Agbar

Turm und Drang

Zwischen alten Werkshallen und kühnen
Neubauten richtet sich im Industriequartier
Poblenou die Szene ein.

D er Name hui, der Rahmen pfui: Um die Plaça de les
Glòries Catalanes kreist der Autoverkehr vierspurig
und doppelstöckig. Bloß weg von hier, hinüber zum Torre
Agbar, Barcelonas jüngstem Wahrzeichen, das nur ein paar
Meter abseits wie eine gigantische Patrone in den Himmel
ragt, höher als die bisher vollendeten Türme der Sagrada
Família. Außen trägt Jean Nouvels Bürokomplex einen
gläsernen Panzer aus Tausenden gekippter Lamellen, die
gerade mild im Morgenlicht schimmern. Dahinter sieht
man auf ein Mosaik aus Fensterwürfeln und Farbfeldern
von Tiefseeblau bis Feuerrot. Aus den oberen Etagen glän-
zen Deckenlichter herab wie Sterne. Von da hat man sicher
einen fantastischen Blick auf die Stadt. Doch im magmafar-
benen Halbdunkel des Foyers schüttelt die Empfangsdame
den Kopf: Besichtigungen im Firmensitz der Wasserwerke
seien leider nicht möglich.

Macht nichts. Der Torre Agbar steht ja nicht allein in
dem Viertel, das er überragt. Wie ein Leuchtturm weist
er Besuchern den Weg vom Zentrum ins Poblenou. Das
alte Industriequartier im Dreieck zwischen der Avinguda
Diagonal und dem Mittelmeer wird allmählich zum Stand-
ort der Hightech und Kreativwirtschaft umgerüstet – so
allmählich allerdings, dass die Szene noch reichlich Zeit hat,

sich breitzumachen, solange überall Baumaschinen knattern und die Mieten niedrig sind. Seit Jahren steht das Poblenou im Ruf, das nächste große Ding zu sein. Nur hat sich die Ankunft der Karawane immer wieder verzögert.

Fest steht: Es gab schon einmal eine Vorhut. Ihr Brückenkopf ist ein altes Fabrikgelände am anderen Ende des Poblenou, dort, wo das Dreieck im Nordosten spitz zusammenläuft. Javier Mariscal, Barcelonas berühmtester Grafiker der Schöpfer des Olympia-Maskottchens Kobi, übernahm die Anlage vor 23 Jahren gemeinsam mit einigen Gleichgesinnten. Heute führt der Weg zu Mariscal an einer Reihe von Palmen vorbei, an wildem Wein und wuchernden Bougainvilleen. Kein Vergleich zu früher. „Damals lag die Anlage da wie ein zerbombter Bunker in einer ziemlich heruntergekommenen Gegend", sagt Mariscal, zurückgelehnt in ein knuffiges Sofa nach eigenem Entwurf. Sein Großraumstudio ist mitsamt den alten Werkshallenpfeilern entschieden bunt gestrichen und möbliert. Im Hintergrund spielt Reggae, der 61-jährige Mariscal hat Locken in der Stirn hängen und macht eine extraentspannte Miene. „Hier mussten einmal Kinder an den Maschinen stehen", sagt er lächelnd. "Jetzt sitzen wir hier in den Polstern, denken uns schöne Dinge aus und sehen das Sonnenlicht durch die Blätter fallen." Die alte Fabrik ist zum smarten grünen Kreativzentrum Palo Alto geworden, mit rund 250 angedockten Grafikern, Architekten, Künstlern, Film- und Werbeleuten. Mariscal & Co. verkörpern den Gegenpol zum Torre Agbar. Statt ein neues Architekturjuwel ins Viertel zu stellen, wurde hier ein Stück des klassischen Erbes veredelt.

Im Umkreis des Torre Agbar ist dieses Erbe schon weg-
geputzt. Hier trumpfen schnittige Riegel und Klötze der
Jetztzeit auf. Zehn bis zwanzig Stockwerke aus poliertem
Stein, aus Glas und Metall, darin die Logos von Filmpro-
duktionen oder Verlagshäusern. Erst in zweiter Reihe warten
ein paar Brachen weiterhin auf ihre große Chance. Über die
Bürgersteige laufen Gruppen von Studenten und Sakkoträ-
ger mit Konferenznamenskärtchen auf der Brust. Plötzlich
gibt es zwischen wild sprießenden Oleanderbüschen hin-
durch und über ein kleines Stück urbaner Steppe hinweg
einen gewaltigen Spezialeffekt zu sehen: Inmitten eines neu-
en Uni-Baus wurde eine kirchturmgroße Lücke ausgespart.
Sie schafft dem Schornstein der einstigen Textilfabrik Ca
l'Aranyó dahinter einen geradezu ehrfurchtsvollen Rahmen.

Nur einen Block weiter liegt Can Framis, ehemals eine
Baumwollspinnerei und nun das erste Museum des Poblenou, gewidmet der zeitgenössischen katalanischen Malerei.
Der Weg dorthin führt in eine kleine Senke voller Pappeln
und Efeuranken. Dann steht man vor der alten Fabrik-
mauer. Neu geweißt, aber sonst unverändert, bietet sie ihre
schrundige Haut aus Ziegeln, Stein und Mörtel dar. Wie
ein Relief, in dem sich lesen lässt über die Geschichte der
Arbeit. Je näher man von hier aus dem Meer rückt, desto
spärlicher werden die Neubauten, das Viertel wirkt unra-
sierter. In Werkstattgebäuden mit angenagten Zierfriesen
werden Autos repariert, ein paar verblühte Jugendstil-
Schönheiten brauchten dringend einen frischen Anstrich.
An der Kreuzung Pere IV und Badajoz steht eine klassizis-
tische Miniaturversion des New Yorker Flatiron Building
mit einem geschosshohen Klinkerband in Gold, ein Relikt

aus den siebziger Jahren. In der Imbiss-Klitsche gegenüber ducken sich drei Tischchen unter einen riesigen ausgestopften Hirschkopf. Draußen sitzen drei Senegalesen beim Bier; ihre Einkaufswagen, mit denen sie sonst auf Schrottsuche sind, stehen beiseitegeparkt. Vom Ende der Straße blitzt Dominique Perraults kühn auskragendes ME-Hotel-Hochhaus herüber.

Eine Ecke weiter: La Plataforma, eine neue Galerie in den Räumen einer ehemaligen Druckerei. Schlichter Zementboden, eine Deckeninstallation aus Holzstühlen und rosa Neonröhren, an den Wänden melancholische Fotokunst. Die Galeristin Claudia Costa, auf deren langen, dunklen Haaren eine rote Sonnenbrille sitzt, fühlt sich im Poblenou wohl. "Ich mag das Viertel schon lange. Es hat viel Platz und viel Charme. Hier aufzumachen ist eine Wette auf die Zukunft." Sie geht zur Tür und zeigt in die Nachbarschaft: "Da hinten steht eine Design-Akademie, hier vorne sind zwei Modefotografen eingezogen, und noch ein Stück weiter macht bald ein Vintage-Möbelladen auf." Auch für das Mittagessen hat sie einen Tipp: das australisch geführte Minirestaurant Market um die Ecke. Das habe im Mai aufgemacht, nur fünf Monate nach ihr.

Bei Damian Bulger, dem Australier, stehen bunte Metallklappstühle und Holzbänke einträchtig beisammen, es laufen Oldies von Massive Attack, auf der Karte stehen Salat mit Blauschimmelkäse und Haselnüssen oder Thunfisch mit Algen und Grapefruit. Über einen Twitter-Account verfügt das Lokal bereits, über ein Ladenschild noch nicht. Derzeit öffnet es nur tagsüber, abends gibt es im Poblenou noch immer zu wenig Laufkundschaft.

Immerhin, ein Anzeichen mehr dafür, dass die Wette auf die Zukunft gelingt. Tatsächlich liegt hier, im Herzen des Viertels zwischen den abgeschabten und mehrfach geflickten Fassaden des frühen 20. Jahrhunderts wie nirgendwo sonst in Barcelona jene feine, elektrisierende Ladung in der Luft, die das Herannahen eines Szenegewitters ankündigt. Man könnte sagen: Das Poblenou ist avant-hip. Wäre es hip, dann hätte man die angesagten Club-Shop-Café-Cluster bereits vor der Nase. Doch bis jetzt gibt es sie nicht. Und vielleicht zum Glück. So wirkt das Viertel noch eine Weile wie ein aufregendes Versprechen, ein Weißraum zum Ausmalen.

Diese Zone der gespannten Erwartung hat eine natürliche Grenze. Auf der Rambla del Poblenou, der zentralen Flaniermeile des Viertels, wirkt die Zeit wie festgehalten. Die Platanen machen hoch über der Straße dicht und lassen jetzt, am Nachmittag, nur zauberisches Zwielicht durch. Man glaubt sich aufs Dorf versetzt, in eine Welt trauter Nachbarschaft. Auf einer Bank schäkern zwei Alte, jeder auf seinen Stock gebeugt, ganz allerliebst miteinander. Am nächsten Caféterrassentisch sitzen Rentner in gebügelten Hemden bei Espresso und Zigarren und diskutieren die Fußballsaison. Sogar der vorbeischlurfende Penner mit weißgrauer Mähne grüßt munter die Frauen beim Einkauf und wird zurückgegrüßt. Ums Eck steht das Ateneu Moral i Cultural, ein Arbeiterkulturverein aus jener Zeit, als die Anarchisten im Viertel das Proletariat auf ihrer Seite wussten. Durchs offene Fenster sieht man Frauen im Kaffeeklatsch Alter Volkstanz üben. Am friedlichen Trott der Rambla wird sich die Szene womöglich noch lange die Zähne ausbeißen.

Die Rambla läuft gen Meer hin aus. Man durchquert einen schmalen Streifen Pinienhain, dann ist man am Strand. Es dunkelt bereits. Für eine Weile verschwindet das Poblenou, die alten Fabriken, die neueste Szene, man bleibt allein mit dem lässig schwappenden Meer. Schließlich leuchtet von Ferne noch einmal der Torre Agbar herüber. Nachts geht er in die Vollen. Dann sieht man auf seinem metallischen Körper ein flammendes Inferno aus roten Lichtzungen, die an der Fassade hoch ins Blaue kriechen. Der Leuchtturm lodert geradezu in die dunkle Stadt hinaus. Nur eine Frage der Zeit, bis das Viertel Feuer fängt.

MERTEN WORTHMANN, *DIE ZEIT*

Meine Erinnerungen

Plaça de la Virreina, Gràcia

Ruhe und Licht

Schriftsteller Eduardo Mendoza: In Gràcia
bin ich im Freien zu Hause

Wenn Barcelonas Straßen die Flure der Stadt sind,
dann sind die Plätze ihr Wohnzimmer. Es gibt sie
überall, große und kleine, gepflegte und ungepflegte. Oft
sind es Vorplätze von Kirchen oder ehemaligen Rathäu-
sern, um die herum die Stadtviertel entstanden sind. Das
Leben verlangsamt sich auf einem solchen Platz, kommt zur
Ruhe – eine Wohltat, Barcelona ist nämlich generell eine
sehr laute Stadt. Plätze sind Orte der Zusammenkunft, des
Gesprächs. Aber selbst wenn man allein ist, fühlt man sich
hier wohl. Auf einem Platz muss niemand seine Anwesen-
heit rechtfertigen. Man überquert ihn als Fußgänger oder
setzt sich auf eine Bank und verwandelt sich augenblicklich
in einen Beobachter.

Meine Lieblingsplätze liegen in Gràcia, einem Viertel, das
seine dörflichen Eigenarten bis heute bewahrt hat. Denn
früher war Gràcia ein Dorf, bis es von Barcelona aufgesogen
wurde. Und das ging so schnell, dass keine Zeit blieb, um
die Persönlichkeit zu ändern. Hier lebten immer viele Ar-
beiter und Handwerker, Schlosser, Schreiner. Ein paar ihrer
Werkstätten sind inzwischen verschwunden, an ihrer Stelle
haben Bars eröffnet, aber das lässt sich ja kaum vermeiden.
Das Viertel ist eben in Mode gekommen.

Es gibt viele Plätze, die mir gefallen: die Plaça de la
Revolució zum Beispiel, weil sie wie ein See ist, aus dem

die Carrer Verdi, eine der lebhaftesten Straßen des Viertels, entspringt. Aber wenn ich mich für einen einzigen Platz entscheiden müsste, wäre es die Plaça de la Virreina. Die Kirche an ihrer Stirnseite ist nicht besonders hübsch, und die Häuser, die sie umgeben, sind es auch nicht. Aber das Ensemble ist harmonisch. Ich mag Orte, die nicht so überdekoriert sind, dass sie wie Postkarten wirken. Für Reisende kann es ein Glück sein, einen Platz zu finden, an dem man ausruhen kann, ohne sich dabei zu langweilen.

Wenn man auf der Plaça de la Virreina bei einem Glas orxata, katalanischer Mandelmilch, oder einem Bier sitzt, weiß man sofort, dass es diesen Platz so nur in Barcelona geben kann. Warum? Schwer zu sagen. Das Licht, die Farbe der Häuser, der dunkle Stein, der Geruch, die Mischung aus Lärm und Ruhe – er ist ganz einfach anders als andere Plätze. Wenn man die Leute beobachtet, die über die Plaça flanieren, kann man nicht genau sagen, ob es sich um ein armes oder um ein reiches Viertel handelt – das gefällt mir. Gràcia weiß nicht um seine Schönheit, ein großer Vorteil. Viertel wie das Barrio Gótico zum Beispiel sind mir ein wenig zu eitel. Sie rufen: Schaut, wie schön ich bin! Gràcia tut das nicht. Das Viertel nimmt jeden freundlich auf, aber es lebt sein Leben weiter. Man wird nicht zum Zuschauer eines Spektakels.

Schreiben tue ich zwar nur zu Hause am Schreibtisch, aber wenn ich mit einem Freund verabredet bin oder ins Kino gehen möchte, lande ich oft auf der Plaça de la Virreina. Mein Lieblingslokal ist die gleichnamige Bar. Wenn das Wetter schön ist – und das ist es in Barcelona fast immer –, kann man dort auch im Freien sitzen. Selbst im Winter gibt es viel Licht, was vor allem die Nordeuropäer sehr schätzen. Mehr noch als die Wärme suchen sie bei uns die Sonne. Länder, in denen es viel regnet, mag ich nicht. Zum einen, eben weil es viel regnet. Zum anderen aber auch, weil man alles stehen und liegen lassen muss, sobald die Sonne rauskommt, um die Gunst der Stunde zu nutzen.

Aufgezeichnet von:
KARIN CEBALLOS BETANCUR, *DIE ZEIT*

Eduardo Mendoza - In Kataloniens Hauptstadt geboren, schreibt der Schriftsteller Mendoza seine Bücher auf spanisch und katalanisch. Sein bekanntestes Werk ist „Die Stadt der Wunder" und er gilt als einer der ersten spanischen Autoren, der die vergangene franquistische Diktatur thematisierte.

Im Scherbenglück

Die heitere Leichtigkeit des Park Güell

Orange-schwarz-rote Wellen wogen über den Dächern von Barcelona, Wellen mit blau-lachsfarben-grünen, fliederfarben-rosa-gelben und türkis-grauen Kämmen. Ein Meer aus Scherben flutet diesen Hügel. Und an keinem Strand der Costa Brava sitzt es sich schöner als an seinem glänzenden Keramikufer. Als der Industrielle Eusebi Güell dem katalanischen Stararchitekten Antoni Gaudí um 1900 den Auftrag erteilte, einen Park zu entwerfen, hatte er eine Gartenstadt nach englischem Vorbild im Sinn. Finanziell kam das Projekt allerdings nie recht in Schwung, sodass Gaudí mit überschaubaren Mitteln auskommen musste. Die Scherben, mit denen er Bänke, Gebäude und Fabelwesen verzierte, stammten aus den Abfällen von Keramikfabriken der Umgebung und beweisen bis heute, dass Stil keine Frage des Geldes ist.

Wahrscheinlich ist es sogar gerade das Konfettihafte der Mosaike, was die heitere Unbeschwertheit ausmacht, die sich bei einem Besuch im Park Güell so zwangsläufig einstellt. Ohne sie wirkten die Pförtnerhäuschen rechts und links des Parktors wie tumbe Sandburgen, errichtet aus tropfnassem Schlamm. Und die berühmte Echse, die sich zwischen den Eingangsstufen mit ausgestreckten Gliedern an die Wände eines Blumenbeets klammert, wird erst durch ihren Scherbenpanzer zum schillernden Salamander, den man beim Betreten des Parks streicheln möchte, wenigstens ganz kurz.

Der Park Güell zählt zu den beliebtesten, meistbesuchten Sehenswürdigkeiten von Barcelona und bewahrt trotzdem eine Art friedlicher Würde. Zwischen den dorischen Säulen der Sala Hipostila, auf denen die Aussichtsplattform ruht, unter ihren Kuppeln, in denen die Steinchen weiß und bunt wuchern wie die Blätter im Dach des Regenwalds, spielt manchmal ein Geiger, so unaufdringlich, als habe er nur nach einem ruhigen Platz zum Spielen gesucht, obwohl vor ihm ein Hut auf dem Boden liegt.

Der Farbensturm im Park Güell hat mir mit seinem bunten Lärm noch immer den Kopf frei geblasen. Egal, wie viele Menschen um mich herum toben, den alten Sala-mander mit fotogenen Umarmungen bedrängen und die gurrenden Tauben auf den schmiedeeisernen Balkonen des Gaudí-Museums niederbrüllen – irgendwo findet sich immer ein freier Platz auf den Bänken rings um die Platt-form, ein eigener, einzigartiger Quadratmeter Mosaik, Kunst zum Anfassen und zum Besitzen. Die Sonne wärmt und die Stadt wird ungefähr im Dunst des Nachmittags. Wer den Park Güell besucht, versteht, warum Scherben Glück bringen.

KARIN CEBALLOS BETANCUR, *DIE ZEIT*

Meine Skizzen

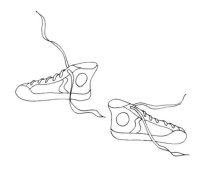

Essen & trinken in Barcelona

Vamos a la playa

Juanlu Leprevost über alternative Clubs und
nächtliches Nacktbaden

DIE ZEIT: Musikalisch betrachtete gilt Barcelona als
Hauptstadt der *música mestiza* – einer Stilrichtung, die
Ende der neunziger Jahre unter anderem durch Manu Chao
bekannt wurde. Auch Ihre Combo Ojos de Brujo hat mitge-
mischt. Wie war das damals?

Juanlu Leprevost: Eine absolut wilde Zeit! Man konnte
überall in den Straßen von Barcelona Musik machen, oft
kamen ganze Bands zusammen, acht, neun Leute, die Jazz,
Latin, alles Mögliche spielten. Für
die Verstärker hatten wir Generatoren dabei, die mit
Benzin betrieben wurden. Da hätte die ganze Altstadt in
die Luft fliegen können. Aber die Polizei ließ uns machen.
Heute wäre das undenkbar. Barcelona ist sehr ordentlich
geworden.

ZEIT: Wo kann man denn abends auch heute noch richtig
unordentlich sein?

Leprevost: Im Raval gibt es zum Beispiel ein Lokal, das
Robadors 23 heißt, ein Keller – und früher Treffpunkt der
Transvestiten der Stadt, bis ihn dann ein junger Flamenco-
Gitarrist übernommen und renoviert hat. Die Bar ist jeden
Tag geöffnet, gespielt werden vor allem Jazz und Flamenco,
das Bier kostet zwei Euro. Für mich ist das einer der inte-
ressantesten Läden der Stadt. Der Raum ist allerdings sehr
klein, man muss versuchen, einen guten Platz zu erwischen.

ZEIT: Aber wenn man nun gerade extra nach Barcelona gefahren ist, will man vielleicht nicht unbedingt Flamenco aus Andalusien hören ...

Leprevost: Na ja, man darf nicht vergessen, dass es auch in Katalonien eine große Flamenco-Tradition gibt, bei uns heißt die Richtung rumba catalana. Das liegt daran, dass in Barcelona schon immer viele Zigeuner gelebt haben. Und dann hat die Stadt natürlich eine sehr aktive Skater-Szene.

ZEIT: Was hat die denn mit Flamenco zu tun?

Leprevost: Fragen Sie mich nicht, wie das entstanden ist, aber es gibt da jedenfalls eine starke Verbindung. Viele Flamenco-Gitarristen skaten auch. Bei einigen Skater-Wettbewerben wird live Flamenco gespielt. Und selbst Skater aus dem Ausland stehen oft auf die Musik, was ich immer sehr lustig finde: blonde Jungs aus Schweden, die Riesenfans von Camarón sind und alle Texte auswendig können. Ein sehr nettes Skater-Lokal ist übrigens die Bar Betty Ford, in der Nähe vom MACBA-Museum.

ZEIT: Wie starten Sie in Barcelona in den Abend?

Leprevost: Ich bin ja Musiker, deshalb fängt das Ganze für mich meistens mit einem Auftritt an. Ich spiele zum Beispiel häufig in der Tapas-Bar El Jardí im Raval. Früher gehörte der Innenhof zu einem Krankenhaus, und die umliegenden Gebäude waren Teil der Medizinischen Fakultät. Man betritt den Hof durch ein mittelalterliches Tor, und dahinter liegen dann die Gärten mit den Orangenbäumen, wirklich wunderschön. Jeden Dienstag und Donnerstag kann man hier zwischen 20.30 und 23 Uhr beim Essen Livemusik hören.

ZEIT: Zurzeit kommen ja offenbar auch die alten Wermut-Bodegas wieder in Mode ...

Leprevost: Ja, das stimmt. Eigentlich wäre das sogar die beste Art, um einen Abend in Barcelona zu beginnen: sich irgendwo vor einer dieser Bars ins Freie setzen und ein Glas Wermut trinken. Aber normalerweise tut man das eher tagsüber, die Bodegas schließen früh. Wenn wir sagen: Lass uns einen Wermut trinken gehen, meinen wir meistens die Mittagszeit. Und ich liebe es!

ZEIT: In Ordnung, nehmen wir also an, Ihr Auftritt ist gerade vorbei, es ist noch vor Mitternacht. Wie geht der Abend weiter?

Leprevost: Das Café Royale mag ich sehr gern, an der Plaça Reial. Sie haben dort ein extrem gutes Soundsystem, und der Eintritt ist frei. Die Bands spielen Flamenco, Funk, Lounge, solche Sachen. Im Anschluss legt bis um zwei Uhr ein DJ auf.

ZEIT: Aber da ist ja noch kein Mensch müde ...

Leprevost: Stimmt, deshalb gibt es für die Zeit danach auch eine Kategorie von Clubs, die erst um drei Uhr öffnen – aber das sind dann oft die teuren, schickeren Diskotheken.

ZEIT: Sie selbst bewegen sich eher in der alternativen Szene. Gibt es preisgünstige Alternativen?

Leprevost: Klar. Ich persönlich halte zum Beispiel das Apolo für einen der besten Clubs in Barcelona. Das ist ein altes Theater in der Nähe der Avinguda del Paral·lel, wo Anfang des vergangenen Jahrhunderts die ganzen Kabaretts waren. Häuser wie das Apolo sind als Relikte dieser Zeit übrig geblieben. Heute finden dort Livekonzerte statt, Partys mit DJs. Mittwochs ist "Noche Mestiza", montags

den. Es wird brechend voll bei diesen Partys. Direkt neben-
an, im Apolo 2, kann man zweimal im Monat das Kabarett
Taboo ansehen, das lohnt sich auch sehr. Da kommen Musiker, Artisten und Schauspieler auf der Bühne zusammen,
und das Publikum steht, statt an kleinen Tischen zu sitzen.
Das Taboo ist eine Art Underground-Kabarett – und ein
guter Tipp für Leute, denen das Molino zu teuer ist, das im
vergangenen Jahr ganz in der Nähe eröffnet hat.

ZEIT: Was macht die Nacht in Barcelona einzigartig?

Leprevost: Für mich ist es ganz klar das Meer, diese maritime Brise, die einen überall in der Stadt umspielt – das ist
der Geruch von Barcelona! Wobei es natürlich gerade in
der Altstadt auch Straßen gibt, die zum Himmel stinken. Vor
allem nachts.

ZEIT: Was muss man in Barcelona vor dem Morgen-
grauen unbedingt einmal getan haben?

Leprevost: Ganz einfach: sich ein Fahrrad schnappen, an
den Strand fahren, sich die Klamotten vom Leib reißen und
nackt ins Meer springen. Ich hab das schon sehr oft gemacht. Und es ist wunderbar.

KARIN CEBALLOS BETANCUR, *DIE ZEIT*

Juanlu Leprevost ist Gründer und Exbassist von Ojos
de Brujo, eine der erfolgreichsten Gruppen der Mestizo-
Musikbewegung in Barcelona. Dort aufgewachsen mag er
besonders die maritime Brise, die nachts die ganze Stadt
umhüllt.

Die besten Clubs & Bars in Barcelona

Robadors 23
C/ d'En Robador 23, Raval
23robadors.wordpress.com

Betty Ford
C/ de Joaquín Costa 56, Raval

El Jardí
C/ de L'Hospital 56, Raval
www.eljardibarcelona.es

Café Royale
C/ Nou de Zurbano 3, Barrio Gótico
www.carlitosgroup.com

Sala Apolo / Apolo 2
C/ Nou de la Rambla 113, Montjuïc
www.sala-apolo.com

Molino
C/ Vila i Vilà 99, Montjuïc
www.elmolinobcn.com

Meine Erinnerungen

Mercat de la Boquería

Zwei, die sich mögen

Huhn und Gambas kann man in Barcelona ruhig in einen Topf werfen. Heraus kommt ein klassisches Sonntagessen.

X up-xup", sagt Josep Maria Freixa, "xup-xup ist das ganze Geheimnis." Das war ein Satz mit vielen „X", woran der kundige Leser sieht, dass wir in Katalonien sind. Nicht viele Sprachen verwenden den zackigen Buchstaben so oft. Wobei er gar nicht zackig klingt, wenn Freixa ihn ausspricht, sondern rund und gemütlich. „Schubbschubb" also sagt er einige Male, während er in der Kasserolle rührt. Das ist der Name einer Garmethode, am besten zu übersetzen mit „simmern" oder „köcheln". Freixa ist der Patron des Restaurants Freixa Tradició und einer der erfahrensten Spitzenköche von Barcelona. Vor ihm köchelt eine der Spezialitäten des Hauses: Huhn mit Gambas.

Das Huhn ist noch gut zu erkennen. Ein kompaktes Tier mit festem Fleisch, ausgenommen und grob zerteilt. Seit knapp einer Stunde gart es in einer blubbernden rotbraunen Soße, der *picada*. Die Gambas tut Freixa erst jetzt hinzu, die brauchen nur wenig xup-xup. „Ganz frisch gefangen, sehen Sie?" Zur Bestätigung zappeln ein paar mit den Scheren. Ein Deckel, der sich über ihnen schließt, ist das Letzte, was sie sehen. Fünf Minuten später hebt er sich wieder; und fertig ist *pollastre amb gambes*, das vielleicht beliebteste Gericht der barcelonesischen Küche.

„Ein klassisches Sonntagsessen", sagt Freixa. Eintopf aus besten Zutaten – leicht gemacht, aber zeitaufwendig. Lohnt sich eigentlich nur, wenn eine große Runde beisammen sitzt. Und weil auch die meisten Spanier solche Familien nicht mehr haben, „kommen sie eben zu mir". Dieser Gang wird auf einem nostalgischen Blümchenteller angerichtet, nicht auf weißem Gourmetgeschirr wie das meiste im Freixa Tradició, einer durchaus feinen Adresse im Viertel Gràcia. Und weil die Holzfällerportion so herzhaft schmeckt wie sie aussieht, wundert man sich kaum über die kühne Mischung von Geflügel und Krustentieren.

So etwas war mal in Steakhäusern Mode und nannte sich *Surf 'n' Turf*. In Katalonien kennt man es seit Jahrhunderten als *mar i muntanya*, Meer und Berg. Es gibt davon einige Varianten: Tintenfisch mit Fleischklopsen zum Beispiel, Kaninchen mit Flusskrebsen oder Kabeljau mit Schnecken. Erstaunlich, fand auch der weit gereiste Dichter Gabriel García Márquez: „Als ich das erste Mal von diesen Gerichten hörte, erschienen sie mir wie eine unmögliche Verbindung, wie Wasser und Öl. In der Theorie stellten sie eine metaphysische Unmöglichkeit dar. In der Praxis handelt es sich um Entdeckungen, die nur verrückten Erfindern einfallen können, wie es die Katalanen sind."

So verrückt muss man gar nicht sein, wenn man in einer schrägen Stadt lebt. *Mar i muntanya*, das ist Barcelona selbst, eingezwängt zwischen dem Mittelmeer und den Hausbergen Tibidabo und Montjuïc. Hier kann man der Schwerkraft folgen. Abwärts geht es immer in die City oder zum Hafen gleich dahinter.

Gambas krabbelten früher reichlich in den Felsen vor der Küste herum. Wenn die Fischer nichts Größeres fingen, brachten sie welche mit. Mit einem Bauernhuhn aus dem Hinterland wurde ein Festmahl daraus. Verkehrte Welt, denken wir heute. Aber die ungleichen Elemente vertragen sich noch immer. Beide weich, beide mild im Geschmack – hier etwas salzig, da etwas nussig. Und beide so schwer zu schneiden, dass man am besten die Hände zu Hilfe nimmt. Das ist typisch für die katalanische Küche: Sie zwingt den Esser, sich die Speisen auch zu ertasten.

Was bei dieser Lektion haften bleibt, ist das Interessanteste: die *picada*. Dickliche Pampe, aber hoch komplex – der Aromensumpf zwischen Meer und Berg. Freixa verwendet dafür an die zwanzig Zutaten, darunter Haselnüsse, Schokolade, Mandelkekse, Pinienkerne, Zimt, Zitronen- und Orangenschalen. Das erinnert an Barcelonas Geschichte, die einer reichen Handelsstadt eben. Da zeigte man gerne, was man hatte an importierten Gewürzen. Ob jedes einen Zweck erfüllte, war nicht ganz so entscheidend. Warum zum Beispiel Schokolade, ist die mit ihrer Bitterkeit nicht eher was für rotes Fleisch? Solche Beckmessereien erschüttern Josep Maria Freixa nicht. „In die Soße zu *mar i muntanya* muss immer Schokolade; nur so ist es authentisch." Er ist stolz darauf, dass er am überlieferten Rezept so gut wie nichts ändert.

Ein alter Recke, könnte man meinen, nicht mehr ganz auf der Höhe der Zeit. Hat nicht gerade Katalonien Anteil am spanischen Küchenwunder der 2000er Jahre – mit höchst einfallsreichen Köchen wie Ferran Adrià oder Carme Ruscalleda? Aber auch das Freixa Tradició war nicht immer so wie jetzt. Vor drei Jahren noch gehörte es unter anderem Namen zu den innovativsten Häusern von Barcelona. Am Herd stand Ramon Freixa, der Sohn von Josep Maria. Der führt nun ein Zwei-Sterne-Restaurant in Madrid. In der katalonischen Hauptstadt schwingt derweil das Pendel zurück. Erschöpft von den lebensmittelchemischen Verwirrspielen der Sphären und Texturen, entdecken jüngere Barcelonesen die Küche ihrer Großeltern neu. Allerorten eröffnen „neokonservative" Lokale mit altbewährter Kost in loungigem Ambiente.

So gesehen, dürfte sich Josep Maria Freixa geradezu als Trendsetter fühlen. Er hat einfach wieder auf die Karte gesetzt, was da schon stand, ehe in den Neunzigern sein Sohn übernahm. Der Gast beginnt am besten mit dem obligaten *pan amb tomàquet* – knusprigem Brot mit Tomatenpüree und reichlich Olivenöl. Und schließt mit *crema catalana*, bei uns bekannter als Crème brûlée. Ideologisch mag der Senior den Umschwung am Herd trotzdem nicht verstehen. Was Ramon kocht, schmeckt ihm auch. „Andere gehen voran, ich gehe zurück, das ist alles." Darum hängen die teuren Kupfertöpfe jetzt sehr dekorativ als Lampenschirme an der Wand des Restaurants. Freixa hat auf Ton umgestellt – noch klassischer, noch gesünder.

Andere Gastronomen der Stadt geben sich ähnlich pragmatisch. Manche haben zwei Speisekarten für den alten neuen und den neuen alten Geschmack, andere gleich zwei

Restaurants. Wer Berge und Meer in einen Topf bekommt, wird auch mit solchen Widersprüchen fertig. Ein bisschen dies, ein bisschen das – und nicht zu heiß kochen. Xup-xup.

MICHAEL ALLMAIER, *DIE ZEIT*

Freixa Tradició

C/ Sant Elies, 22, 08006 Barcelona
www.freixatradicio.com

Meine Notizen

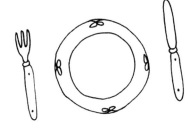

Casa Milà

100% Inspiration für Ihre Reise

Was interessiert Sie wirklich, wenn Sie durch eine Ihnen noch unbekannte Stadt flanieren oder wieder einmal Ihre Lieblingsstadt besuchen? Dieses ZEIT-Reisetagebuch wollte Sie dazu inspirieren, Ihre eigenen Gedanken und Erfahrungen zu notieren, ihre kleinen Urlaubsskizzen zu zeichnen, besondere Erlebnisse aufzuschreiben und die Geheimtipps festzuhalten, die Sie auf Ihren Stadtspaziergängen entdeckt haben.

Als Verleger von Reiseführern besuche ich die schönsten Sehenswürdigkeiten und interessantesten Museen, wenn ich ein paar Tage durch eine fremde Stadt spaziere. Doch ich möchte auch erfahren, wie die Einheimischen leben, welche besonderen Restaurants es gibt und wo ich angenehme Abende verbringen kann. Ich möchte eine neue Stadt entspannt genießen und mich schnell in ihr zurechtfinden. Aus dieser Idee sind die 100% Cityguides entstanden, die den Reisenden auf Spaziergängen durch eine Stadt führen, als wäre er mit einem ortskundigen Freund unterwegs.

Seit 15 Jahren publizieren wir die 100% Cityguides für Menschen, die eine Stadt auf besondere Weise erleben möchten. Zunächst mit unserem Verlag mo media in den Niederlanden, inzwischen auch in Deutschland mit Sitz in Berlin. Das Travel Journal ist aus einer schönen Zusammenarbeit unseres Verlages mo media und DIE ZEIT hervor-

gegangen und ergänzt unser umfangreiches Reiseführer-
programm. Ich hoffe, dass Sie das Reisetagebuch noch lange
an Ihre Urlaubserlebnisse erinnert!

Noch immer reise ich gern in die Städte Europas und
habe in jeder Stadt Autoren gefunden, die ihre Empfeh-
lungen in den 100% Cityguides an Sie als Reisenden
weitergeben. Falls Sie selbst Ihre Tipps und Erlebnisse mit
uns teilen möchten, freue ich mich natürlich sehr. In diesem
Sinne wünsche ich Ihnen eine inspirierte Reise!

RENÉ BEGO, *MO MEDIA BERLIN*

Tipps für ein Wochenende in Barcelona

Im Park Güell frische Luft schnappen und den Blick vom Platz aus genießen.

Ein Konzert im modernistischen Palau de la Música miterleben.

Frische katalanische Tapas in der Cervecería Catalana essen.

Die unbekannten Viertel El Raval & Poble Sec entdecken.

Camp Nou und das FC-Barcelona-Museum besuchen.

Auf dem Mercat de la Boquería, Barcelonas bestem Frischemarkt, herumstöbern.

Über den Kunstmarkt und den Biomarkt von Plaça del Pi und Plaça Sant Josep Oriol schlendern.

Mehr Tipps finden Sie in dem Cityguide 100% Barcelona.

Über die Zeit-Autoren

STEFANIE FLAMM

Stefanie Flamm hat Geschichte, Slawistik und Jura studiert und während des Studiums in Berlin mit dem Schreiben begonnen. Sie war Redakteurin der „Berliner Seiten" der F.A.Z., Reporterin beim Tagesspiegel und kam 2006 zur ZEIT. Im Reiseteil betreut sie u.a. die regelmäßig erscheinende City-Guide-Beilage.

MERTEN WORTHMANN

Merten Worthmann studierte Germanistik und Philosophie. Er war Filmkritiker, bevor er ab 2002 als freier Journalist für verschiedene deutschsprachige Zeitungen und Magazine aus Barcelona berichtete. Seit 2012 ist er Redakteur im Reiseteil der ZEIT.

KARIN CEBALLOS BETANCUR

Karin Ceballos Betancur hat Germanistik, Lateinamerikanistik und Öffentliches Recht studiert und bei der Frankfurter Rundschau volontiert. 2007 kam sie zu der ZEIT ins Dossier. Seit 2008 arbeitet sie im Reiseteil und schreibt am liebsten über Südamerika.

MICHAEL ALLMAIER

Michael Allmaier ist am Niederrhein aufgewachsen und hat in Essen Literaturwissenschaft studiert. Nach einigen Jahren im Feuilleton und bei den „Berliner Seiten" der F.A.Z. wechselte er 2003 zur ZEIT. Seit 2005 arbeitet er als stellvertretender Ressortleiter im Ressort Reisen, seit 2013 außerdem als Restaurantkritiker der Hamburg-Seiten.

IMPRESSUM

TEXT Stefanie Flamm, Merten Worthmann, Karin Ceballos Betancur,
Michael Allmaier, René Bego
HERAUSGEBERIN *DIE ZEIT Cityguide Barcelona* Dorothée Stöbener
ILLUSTRATION Studio Mirthe Blussé
FOTOGRAFIE Marieke Hüsstege, Nancy Lee
LEKTORAT Claudia Mertens
KONZEPTGESTALTUNG Funkfabriek Kim Peters, Hilden Design
GESTALTUNG Funkfabriek Kim Peters
PROJEKTLEITUNG Melanie Podgornik, Petra de Hamer

DIE ZEIT Barcelona ISBN 978-3-943502-86-2
© mo media GmbH Berlin
© Zeitverlag Gerd Bucerius GmbH & Co. KG